Inquiries about the artist may be directed to:
Pemberton & Oakes Galleries
133 E. Carrillo Street
Santa Barbara, California 93101

Inquiries about the dolls may be directed to:
The Hamilton Collection
4810 Executive Park Court
Jackonsville, Florida 32216

Published by Antioch Publishing Company
Yellow Springs, Ohio 45387
ISBN 0-7824-7508-6
Printed in the U.S.A.

Book of Blessings
BOOK OF DAYS

Paintings by Donald Zolan

Antioch Publishing Company, Yellow Springs, Ohio

❧ January ❧

1 _____

4 _____

2 _____

5 _____

3 _____

6 _____

January

7 _____

_____

_____

_____

_____

_____

_____

8 _____

_____

_____

_____

_____

_____

_____

9 _____

_____

_____

_____

_____

_____

_____

10 _____

_____

_____

_____

_____

_____

_____

11 _____

_____

_____

_____

_____

_____

_____

12 _____

_____

_____

_____

_____

_____

_____

❧ *January* ❧

13 _____

_____

_____

_____

_____

_____

_____

14 _____

_____

_____

_____

_____

_____

_____

15 _____

_____

_____

_____

_____

_____

_____

16 _____

_____

_____

_____

_____

_____

_____

17 _____

_____

_____

_____

_____

_____

_____

18 _____

_____

_____

_____

_____

_____

_____

Brotherly Love   (30" x 30", oil)

The Lord bless you and keep you;
the Lord make His face shine upon you
and be gracious to you; the Lord turn
His face toward you and give you peace.

Numbers 6:24-26 (NIV)

❦ January ❦

19 _____

_____

_____

_____

_____

_____

_____

_____

20 _____

_____

_____

_____

_____

_____

_____

21 _____

_____

_____

_____

_____

_____

_____

22 _____

_____

_____

_____

_____

_____

_____

_____

23 _____

_____

_____

_____

_____

_____

_____

24 _____

_____

_____

_____

_____

_____

_____

January

25 _____

_____

_____

_____

_____

_____

_____

_____

26 _____

_____

_____

_____

_____

_____

_____

_____

27 _____

_____

_____

_____

_____

_____

_____

_____

28 _____

_____

_____

_____

_____

_____

_____

_____

29 _____

_____

_____

_____

_____

_____

_____

_____

30 _____

_____

_____

_____

_____

_____

_____

_____

❦ January · February ❧

31 _____

_____

_____

_____

_____

_____

_____

_____

1 _____

_____

_____

_____

_____

_____

_____

2 _____

_____

_____

_____

_____

_____

_____

3 _____

_____

_____

_____

_____

_____

_____

_____

4 _____

_____

_____

_____

_____

_____

_____

5 _____

_____

_____

_____

_____

_____

_____

First Kiss   (12 ½", porcelain doll pair)

God bless all those that I love;
God bless all those that love me...
— Old New England Sampler

❧ *February* ❧

6 _____

_____

_____

_____

_____

_____

_____

7 _____

_____

_____

_____

_____

_____

_____

8 _____

_____

_____

_____

_____

_____

9 _____

_____

_____

_____

_____

_____

_____

10 _____

_____

_____

_____

_____

_____

11 _____

_____

_____

_____

_____

_____

❦ February ❧

12 _____

_____

_____

_____

_____

_____

_____

_____

13 _____

_____

_____

_____

_____

_____

_____

_____

14 _____

_____

_____

_____

_____

_____

_____

15 _____

_____

_____

_____

_____

_____

_____

_____

16 _____

_____

_____

_____

_____

_____

_____

_____

17 _____

_____

_____

_____

_____

_____

_____

❦ February ❧

18 _____

19 _____

20 _____

21 _____

22 _____

23 _____

It's Grandma and Grandpa   (30" x 30", oil)

May the Lord bless you...all the days
of your life...and may you live to see
your children's children.

Psalm 128:5,6 (NIV)

❦ February ❧

24 _____

_____

_____

_____

_____

_____

_____

25 _____

_____

_____

_____

_____

_____

_____

26 _____

_____

_____

_____

_____

_____

_____

27 _____

_____

_____

_____

_____

_____

_____

28 _____

_____

_____

_____

_____

_____

_____

29 _____

_____

_____

_____

_____

_____

_____

✎ March ✎

1 _____

_____

_____

_____

_____

_____

_____

_____

2 _____

_____

_____

_____

_____

_____

_____

_____

3 _____

_____

_____

_____

_____

_____

_____

4 _____

_____

_____

_____

_____

_____

_____

_____

5 _____

_____

_____

_____

_____

_____

_____

_____

6 _____

_____

_____

_____

_____

_____

_____

∽ March ∽

7 _____

8 _____

9 _____

10 _____

11 _____

12 _____

∾ *March* ∾

13 _____

_____

_____

_____

_____

_____

_____

_____

14 _____

_____

_____

_____

_____

_____

_____

_____

15 _____

_____

_____

_____

_____

_____

_____

16 _____

_____

_____

_____

_____

_____

_____

_____

17 _____

_____

_____

_____

_____

_____

_____

_____

18 _____

_____

_____

_____

_____

_____

_____

_____

∞ March ∞

19 _____

_____
_____
_____
_____
_____
_____

20 _____

_____
_____
_____
_____
_____
_____

21 _____

_____
_____
_____
_____
_____
_____

22 _____

_____
_____
_____
_____
_____
_____

23 _____

_____
_____
_____
_____
_____
_____

24 _____

_____
_____
_____
_____
_____
_____

❧ *March* ❧

25 _____

_____

_____

_____

_____

_____

_____

26 _____

_____

_____

_____

_____

_____

_____

27 _____

_____

_____

_____

_____

_____

_____

28 _____

_____

_____

_____

_____

_____

_____

29 _____

_____

_____

_____

_____

_____

_____

30 _____

_____

_____

_____

_____

_____

_____

Flowers for Mother   (30" x 30", oil)

All things bright and beautiful,
All creatures great and small,
All things wise and wonderful,
The Lord God made them all.

— Cecil Frances Alexander

31 _____

_____

_____

_____

_____

_____

_____

_____

1 _____

_____

_____

_____

_____

_____

_____

_____

2 _____

_____

_____

_____

_____

_____

_____

3 _____

_____

_____

_____

_____

_____

_____

_____

4 _____

_____

_____

_____

_____

_____

_____

_____

5 _____

_____

_____

_____

_____

_____

_____

_____

✑ April ✑

6 _____

_____

_____

_____

_____

_____

_____

_____

7 _____

_____

_____

_____

_____

_____

_____

8 _____

_____

_____

_____

_____

_____

9 _____

_____

_____

_____

_____

_____

_____

_____

10 _____

_____

_____

_____

_____

_____

_____

11 _____

_____

_____

_____

_____

_____

❦ *April* ❦

12 _____

_____

_____

_____

_____

_____

_____

13 _____

_____

_____

_____

_____

_____

_____

14 _____

_____

_____

_____

_____

_____

15 _____

_____

_____

_____

_____

_____

_____

16 _____

_____

_____

_____

_____

_____

_____

17 _____

_____

_____

_____

_____

_____

 April

18 _____

_____
_____
_____
_____
_____
_____
_____

19 _____

_____
_____
_____
_____
_____
_____
_____

20_____

_____
_____
_____
_____
_____
_____
_____

21 _____

_____
_____
_____
_____
_____
_____
_____

22 _____

_____
_____
_____
_____
_____
_____
_____

23 _____

_____
_____
_____
_____
_____
_____
_____

Erik and Dandelion   (30" x 30", oil)

For flowers that bloom about our feet,
Father, we thank Thee;
For tender grass so fresh and sweet,
Father, we thank Thee...
— Ralph Waldo Emerson

～ *April* ～

24 _____

_____
_____
_____
_____
_____
_____

25 _____

_____
_____
_____
_____
_____
_____

26 _____

_____
_____
_____
_____
_____
_____

27 _____

_____
_____
_____
_____
_____
_____

28 _____

_____
_____
_____
_____
_____

29 _____

_____
_____
_____
_____
_____

30

_____

_____

_____

_____

_____

_____

_____

1

_____

_____

_____

_____

_____

_____

_____

2

_____

_____

_____

_____

_____

_____

3

_____

_____

_____

_____

_____

_____

_____

4

_____

_____

_____

_____

_____

_____

_____

5

_____

_____

_____

_____

_____

_____

 May

6 _____

_____

_____

_____

_____

_____

_____

7 _____

_____

_____

_____

_____

_____

_____

8 _____

_____

_____

_____

_____

_____

_____

9 _____

_____

_____

_____

_____

_____

_____

10 _____

_____

_____

_____

_____

_____

_____

11 _____

_____

_____

_____

_____

_____

_____

Rainy Day Pals
(20" porcelain doll and sculpture)

Dear Father, hear and bless
Thy beasts and singing birds,
And guard with tenderness
Small things that have no words.
— English Prayer

∽ May ∽

12 _____

_____

_____

_____

_____

_____

_____

13 _____

_____

_____

_____

_____

_____

_____

14 _____

_____

_____

_____

_____

_____

_____

15 _____

_____

_____

_____

_____

_____

_____

16 _____

_____

_____

_____

_____

_____

_____

17 _____

_____

_____

_____

_____

_____

_____

❧ May ❧

18 _____

_____

_____

_____

_____

_____

_____

_____

19 _____

_____

_____

_____

_____

_____

_____

_____

20 _____

_____

_____

_____

_____

_____

_____

21 _____

_____

_____

_____

_____

_____

_____

_____

22 _____

_____

_____

_____

_____

_____

_____

_____

23 _____

_____

_____

_____

_____

_____

_____

∞ May ∞

24 _____

_____

_____

_____

_____

_____

_____

25 _____

_____

_____

_____

_____

_____

_____

26 _____

_____

_____

_____

_____

_____

27 _____

_____

_____

_____

_____

_____

_____

28 _____

_____

_____

_____

_____

_____

_____

29 _____

_____

_____

_____

_____

_____

For You   (30" x 30", oil)

Praise God, from whom all blessings flow;
Praise Him, all creatures here below...
— Thomas Ken

30 _____

_____

_____

_____

_____

_____

_____

31 _____

_____

_____

_____

_____

_____

_____

1 _____

_____

_____

_____

_____

_____

_____

2 _____

_____

_____

_____

_____

_____

_____

_____

3 _____

_____

_____

_____

_____

_____

_____

4 _____

_____

_____

_____

_____

_____

_____

⊗ *June* ⊗

5 _____

_____

_____

_____

_____

_____

_____

6 _____

_____

_____

_____

_____

_____

_____

7 _____

_____

_____

_____

_____

_____

8 _____

_____

_____

_____

_____

_____

_____

9 _____

_____

_____

_____

_____

_____

_____

10 _____

_____

_____

_____

_____

_____

∽ *June* ∽

11 _____

_____

_____

_____

_____

_____

_____

_____

12 _____

_____

_____

_____

_____

_____

_____

_____

13 _____

_____

_____

_____

_____

_____

_____

14 _____

_____

_____

_____

_____

_____

_____

_____

15 _____

_____

_____

_____

_____

_____

_____

_____

16 _____

_____

_____

_____

_____

_____

_____

Mother's Angels   (30" x 30", oil)

May God be gracious to us and bless us
and make His face shine upon us...

Psalm 67:1 (NIV)

❧ June ❧

17 _____

_____

_____

_____

_____

_____

_____

18 _____

_____

_____

_____

_____

_____

_____

19 _____

_____

_____

_____

_____

_____

20 _____

_____

_____

_____

_____

_____

_____

21 _____

_____

_____

_____

_____

_____

_____

22 _____

_____

_____

_____

_____

_____

☙ June ☙

23 _____

_____

_____

_____

_____

_____

_____

_____

24 _____

_____

_____

_____

_____

_____

_____

_____

25 _____

_____

_____

_____

_____

_____

_____

26 _____

_____

_____

_____

_____

_____

_____

_____

27 _____

_____

_____

_____

_____

_____

_____

28 _____

_____

_____

_____

_____

_____

_____

∽ *June · July* ∽

29_____

_____

_____

_____

_____

_____

_____

_____

30_____

_____

_____

_____

_____

_____

_____

_____

1_____

_____

_____

_____

_____

_____

_____

_____

2_____

_____

_____

_____

_____

_____

_____

_____

3_____

_____

_____

_____

_____

_____

_____

_____

4_____

_____

_____

_____

_____

_____

_____

∽ *July* ∽

5 _____

_____

_____

_____

_____

_____

_____

_____

6 _____

_____

_____

_____

_____

_____

_____

_____

7 _____

_____

_____

_____

_____

_____

_____

8 _____

_____

_____

_____

_____

_____

_____

_____

9 _____

_____

_____

_____

_____

_____

_____

_____

10 _____

_____

_____

_____

_____

_____

_____

❧ July ❧

11 _____

_____

_____

_____

_____

_____

_____

12 _____

_____

_____

_____

_____

_____

_____

13 _____

_____

_____

_____

_____

_____

_____

14 _____

_____

_____

_____

_____

_____

_____

15 _____

_____

_____

_____

_____

_____

_____

16 _____

_____

_____

_____

_____

_____

_____

❧ July ❧

17 _____

_____

_____

_____

_____

_____

_____

18 _____

_____

_____

_____

_____

_____

19 _____

_____

_____

_____

_____

20 _____

_____

_____

_____

_____

_____

_____

21 _____

_____

_____

_____

_____

_____

22 _____

_____

_____

_____

_____

Summer's Child   (30" x 30", oil)

Dear God, be good to me.
The sea is so wide and
my boat is so small.
— Breton Fisherman's Prayer

❧ *July* ❧

23 _____

_____

_____

_____

_____

_____

_____

_____

24 _____

_____

_____

_____

_____

_____

_____

_____

25 _____

_____

_____

_____

_____

_____

_____

_____

26 _____

_____

_____

_____

_____

_____

_____

_____

27 _____

_____

_____

_____

_____

_____

_____

_____

28 _____

_____

_____

_____

_____

_____

_____

_____

July · August

29

1

30

2

31

3

∽ August ∽

4 _____

_____
_____
_____
_____
_____
_____
_____

5 _____

_____
_____
_____
_____
_____
_____
_____

6 _____

_____
_____
_____
_____
_____
_____

7 _____

_____
_____
_____
_____
_____
_____
_____

8 _____

_____
_____
_____
_____
_____
_____
_____

9 _____

_____
_____
_____
_____
_____
_____

∽ August ∾

10 _____

_____

_____

_____

_____

_____

_____

_____

11 _____

_____

_____

_____

_____

_____

_____

_____

12 _____

_____

_____

_____

_____

_____

_____

_____

13 _____

_____

_____

_____

_____

_____

_____

_____

14 _____

_____

_____

_____

_____

_____

_____

_____

15 _____

_____

_____

_____

_____

_____

_____

_____

Quiet Time
(10 ½", porcelain doll)

Bless all the dear children
in Thy tender care,
And take us to heaven,
to live with Thee there.
— Martin Luther

❧ August ❧

16 _____

_____

_____

_____

_____

_____

_____

17 _____

_____

_____

_____

_____

_____

18 _____

_____

_____

_____

_____

_____

19 _____

_____

_____

_____

_____

_____

_____

20 _____

_____

_____

_____

_____

_____

21 _____

_____

_____

_____

_____

_____

❧ August ❦

22 _____

_____
_____
_____
_____
_____
_____
_____

23 _____

_____
_____
_____
_____
_____
_____
_____

24 _____

_____
_____
_____
_____
_____
_____
_____

25 _____

_____
_____
_____
_____
_____
_____
_____

26 _____

_____
_____
_____
_____
_____
_____
_____

27 _____

_____
_____
_____
_____
_____
_____
_____

28 _____

31 _____

29 _____

1 _____

30 _____

2 _____

❧ September ❧

3 _____

6 _____

4 _____

7 _____

5 _____

8 _____

❧ September ❧

9 _____

_____

_____

_____

_____

_____

_____

10 _____

_____

_____

_____

_____

_____

_____

11 _____

_____

_____

_____

_____

_____

_____

12 _____

_____

_____

_____

_____

_____

_____

13 _____

_____

_____

_____

_____

_____

_____

14 _____

_____

_____

_____

_____

_____

_____

September

15 _____

18 _____

16 _____

19 _____

17 _____

20 _____

Summer Suds   (30" x 30", oil)

May the sun shine warm upon your
face...and...may God hold you
in the hollow of His hand.

— Irish Blessing

∽ September ∽

21 _____

_____
_____
_____
_____
_____
_____
_____

22 _____

_____
_____
_____
_____
_____
_____
_____

23 _____

_____
_____
_____
_____
_____
_____
_____

24 _____

_____
_____
_____
_____
_____
_____
_____

25 _____

_____
_____
_____
_____
_____
_____
_____

26 _____

_____
_____
_____
_____
_____
_____
_____

27

30

28

1

29

2

∽ October ∽

3 _____

_____

_____

_____

_____

_____

_____

_____

4 _____

_____

_____

_____

_____

_____

_____

_____

5 _____

_____

_____

_____

_____

_____

_____

6 _____

_____

_____

_____

_____

_____

_____

_____

7 _____

_____

_____

_____

_____

_____

_____

_____

8 _____

_____

_____

_____

_____

_____

_____

❧ October ❧

9 _____

10 _____

11 _____

12 _____

13 _____

14 _____

My Pumpkin   (24" x 24", oil)

Thank You for the world so sweet;
Thank You for the food we eat;
Thank You for the birds that sing;
Thank You, God, for everything!

— E. Rutter Leatham

∽ October ∽

15 _____

_____

_____

_____

_____

_____

_____

_____

16 _____

_____

_____

_____

_____

_____

_____

_____

17 _____

_____

_____

_____

_____

_____

_____

_____

18 _____

_____

_____

_____

_____

_____

_____

_____

19 _____

_____

_____

_____

_____

_____

_____

_____

20 _____

_____

_____

_____

_____

_____

_____

_____

❧ *October* ❧

21 _____

_____

_____

_____

_____

_____

_____

_____

22 _____

_____

_____

_____

_____

_____

_____

_____

23 _____

_____

_____

_____

_____

_____

_____

_____

24 _____

_____

_____

_____

_____

_____

_____

_____

25 _____

_____

_____

_____

_____

_____

_____

_____

26 _____

_____

_____

_____

_____

_____

_____

_____

October · November

27 _____

_____

_____

_____

_____

_____

_____

28 _____

_____

_____

_____

_____

_____

_____

29 _____

_____

_____

_____

_____

_____

_____

30 _____

_____

_____

_____

_____

_____

_____

31 _____

_____

_____

_____

_____

_____

_____

1 _____

_____

_____

_____

_____

_____

_____

～ November ～

2 _____

_____

_____

_____

_____

_____

_____

_____

_____

3 _____

_____

_____

_____

_____

_____

_____

_____

_____

4 _____

_____

_____

_____

_____

_____

_____

_____

5 _____

_____

_____

_____

_____

_____

_____

_____

_____

6 _____

_____

_____

_____

_____

_____

_____

_____

_____

7 _____

_____

_____

_____

_____

_____

_____

_____

November

8 _____

_____

_____

_____

_____

_____

_____

9 _____

_____

_____

_____

_____

_____

_____

10 _____

_____

_____

_____

_____

_____

_____

11 _____

_____

_____

_____

_____

_____

_____

12 _____

_____

_____

_____

_____

_____

_____

13 _____

_____

_____

_____

_____

_____

_____

December

4 _____

_____

_____

_____

_____

_____

_____

5 _____

_____

_____

_____

_____

_____

_____

6 _____

_____

_____

_____

_____

_____

_____

17 _____

_____

_____

_____

_____

_____

_____

18 _____

_____

_____

_____

_____

_____

_____

19 _____

_____

_____

_____

_____

_____

_____

Little Engineers   (30" x 30", oil)

God...prosper your journey, and the
angel of God keep you company.
— *The Apocrypha*

∞ November ∞

20 _____

_____
_____
_____
_____
_____
_____
_____

21 _____

_____
_____
_____
_____
_____
_____
_____

22 _____

_____
_____
_____
_____
_____
_____

23 _____

_____
_____
_____
_____
_____
_____
_____

24 _____

_____
_____
_____
_____
_____
_____
_____

25 _____

_____
_____
_____
_____
_____
_____

26 _____

_____

_____

_____

_____

_____

_____

27 _____

_____

_____

_____

_____

_____

_____

28 _____

_____

_____

_____

_____

_____

_____

29 _____

_____

_____

_____

_____

_____

_____

30 _____

_____

_____

_____

_____

_____

_____

1 _____

_____

_____

_____

_____

_____

_____

∽ December ∽

2 _____

_____
_____
_____
_____
_____
_____
_____

3 _____

_____
_____
_____
_____
_____
_____
_____

4 _____

_____
_____
_____
_____
_____
_____

5 _____

_____
_____
_____
_____
_____
_____
_____

6 _____

_____
_____
_____
_____
_____
_____
_____

7 _____

_____
_____
_____
_____
_____
_____

December

8 _____

_____

_____

_____

_____

_____

_____

9 _____

_____

_____

_____

_____

_____

_____

10 _____

_____

_____

_____

_____

_____

11 _____

_____

_____

_____

_____

_____

_____

_____

12 _____

_____

_____

_____

_____

_____

_____

13 _____

_____

_____

_____

_____

_____

_____

A Christmas Prayer
(14 ½", porcelain doll)

Now I lay me down to sleep,
I pray Thee, Lord, Thy child to keep;
Thy love go with me all the night,
And wake me with the morning light.
—Author Unknown

∽ November ∽

14 _____

15 _____

16 _____

17 _____

18 _____

19 _____

20

23

21

24

22

25

∽ December ∽

26 _____

_____
_____
_____
_____
_____
_____

27 _____

_____
_____
_____
_____
_____
_____

28 _____

_____
_____
_____
_____
_____
_____

29 _____

_____
_____
_____
_____
_____
_____

30 _____

_____
_____
_____
_____
_____

31 _____

_____
_____
_____
_____
_____

Donald Zolan

Donald Zolan was born in Brookfield, Illinois in 1937 to a family that boasted artists on both sides and in several generations. He began to draw when he was three years old, and at the age of five, his inner voice told him he had to become an artist. His parents supported their son in his dream and turned their dining room into a studio for him. He had a happy, loving childhood and as a boy, he won countless art contests. After high school Zolan received a scholarship to the Chicago Art Institute, but transferred to the more conservative American Academy of Art. There he further developed his already considerable skills in drawing and painting, especially of the human figure.

While Zolan worked in commercial art as a keyliner, layout artist, designer, photographer, picture editor, and medical illustrator, he pursued his fine art career in his spare time. He painted, exhibited, and sold his work, which included religious subjects and portraits of children. His success eventually enabled him to leave commercial art behind.

A turning point came in Zolan's career with a request from John Hugunin, president of Pemberton & Oakes Galleries, to paint children for collectible plates. Zolan's first plate, *Erik and Dandelion*, and his second plate, *Sabina in the Grass*, won Plate of the Year in 1978 and 1979. Since then the readers of *Plate World* have selected him as America's Favorite Living Plate Artist six times, and his paintings have been reproduced in many forms, from books to collectible dolls. That original opportunity has allowed Zolan to focus his talent on his real artistic love—painting children—and his remarkable work has recaptured the wonder of childhood for everyone. Through his art, this outgoing and gifted artist has not only created beauty, but brought happiness to others.

1994

JANUARY	FEBRUARY	MARCH	APRIL
S M T W T F S	S M T W T F S	S M T W T F S	S M T W T F S
1	1 2 3 4 5	1 2 3 4 5	1 2
2 3 4 5 6 7 8	6 7 8 9 10 11 12	6 7 8 9 10 11 12	3 4 5 6 7 8 9
9 10 11 12 13 14 15	13 14 15 16 17 18 19	13 14 15 16 17 18 19	10 11 12 13 14 15 16
16 17 18 19 20 21 22	20 21 22 23 24 25 26	20 21 22 23 24 25 26	17 18 19 20 21 22 23
23 24 25 26 27 28 29	27 28	27 28 29 30 31	24 25 26 27 28 29 30
30 31			

MAY	JUNE	JULY	AUGUST
S M T W T F S	S M T W T F S	S M T W T F S	S M T W T F S
1 2 3 4 5 6 7	1 2 3 4	1 2	1 2 3 4 5 6
8 9 10 11 12 13 14	5 6 7 8 9 10 11	3 4 5 6 7 8 9	7 8 9 10 11 12 13
15 16 17 18 19 20 21	12 13 14 15 16 17 18	10 11 12 13 14 15 16	14 15 16 17 18 19 20
22 23 24 25 26 27 28	19 20 21 22 23 24 25	17 18 19 20 21 22 23	21 22 23 24 25 26 27
29 30 31	26 27 28 29 30	24 25 26 27 28 29 30	28 29 30 31
		31	

SEPTEMBER	OCTOBER	NOVEMBER	DECEMBER
S M T W T F S	S M T W T F S	S M T W T F S	S M T W T F S
1 2 3	1	1 2 3 4 5	1 2 3
4 5 6 7 8 9 10	2 3 4 5 6 7 8	6 7 8 9 10 11 12	4 5 6 7 8 9 10
11 12 13 14 15 16 17	9 10 11 12 13 14 15	13 14 15 16 17 18 19	11 12 13 14 15 16 17
18 19 20 21 22 23 24	16 17 18 19 20 21 22	20 21 22 23 24 25 26	18 19 20 21 22 23 24
25 26 27 28 29 30	23 24 25 26 27 28 29	27 28 29 30	25 26 27 28 29 30 31
	30 31		

1995

JANUARY	FEBRUARY	MARCH	APRIL
S M T W T F S	S M T W T F S	S M T W T F S	S M T W T F S
1 2 3 4 5 6 7	1 2 3 4	1 2 3 4	1
8 9 10 11 12 13 14	5 6 7 8 9 10 11	5 6 7 8 9 10 11	2 3 4 5 6 7 8
15 16 17 18 19 20 21	12 13 14 15 16 17 18	12 13 14 15 16 17 18	9 10 11 12 13 14 15
22 23 24 25 26 27 28	19 20 21 22 23 24 25	19 20 21 22 23 24 25	16 17 18 19 20 21 22
29 30 31	26 27 28	26 27 28 29 30 31	23 24 25 26 27 28 29
			30

MAY	JUNE	JULY	AUGUST
S M T W T F S	S M T W T F S	S M T W T F S	S M T W T F S
1 2 3 4 5 6	1 2 3	1	1 2 3 4 5
7 8 9 10 11 12 13	4 5 6 7 8 9 10	2 3 4 5 6 7 8	6 7 8 9 10 11 12
14 15 16 17 18 19 20	11 12 13 14 15 16 17	9 10 11 12 13 14 15	13 14 15 16 17 18 19
21 22 23 24 25 26 27	18 19 20 21 22 23 24	16 17 18 19 20 21 22	20 21 22 23 24 25 26
28 29 30 31	25 26 27 28 29 30	23 24 25 26 27 28 29	27 28 29 30 31
		30 31	

SEPTEMBER	OCTOBER	NOVEMBER	DECEMBER
S M T W T F S	S M T W T F S	S M T W T F S	S M T W T F S
1 2	1 2 3 4 5 6 7	1 2 3 4	1 2
3 4 5 6 7 8 9	8 9 10 11 12 13 14	5 6 7 8 9 10 11	3 4 5 6 7 8 9
10 11 12 13 14 15 16	15 16 17 18 19 20 21	12 13 14 15 16 17 18	10 11 12 13 14 15 16
17 18 19 20 21 22 23	22 23 24 25 26 27 28	19 20 21 22 23 24 25	17 18 19 20 21 22 23
24 25 26 27 28 29 30	29 30 31	26 27 28 29 30	24 25 26 27 28 29 30
			31

1996

JANUARY	FEBRUARY	MARCH	APRIL
S M T W T F S	S M T W T F S	S M T W T F S	S M T W T F S
1 2 3 4 5 6	1 2 3	1 2	1 2 3 4 5 6
7 8 9 10 11 12 13	4 5 6 7 8 9 10	3 4 5 6 7 8 9	7 8 9 10 11 12 13
14 15 16 17 18 19 20	11 12 13 14 15 16 17	10 11 12 13 14 15 16	14 15 16 17 18 19 20
21 22 23 24 25 26 27	18 19 20 21 22 23 24	17 18 19 20 21 22 23	21 22 23 24 25 26 27
28 29 30 31	25 26 27 28 29	24 25 26 27 28 29 30	28 29 30
		31	

MAY	JUNE	JULY	AUGUST
S M T W T F S	S M T W T F S	S M T W T F S	S M T W T F S
1 2 3 4	1	1 2 3 4 5 6	1 2 3
5 6 7 8 9 10 11	2 3 4 5 6 7 8	7 8 9 10 11 12 13	4 5 6 7 8 9 10
12 13 14 15 16 17 18	9 10 11 12 13 14 15	14 15 16 17 18 19 20	11 12 13 14 15 16 17
19 20 21 22 23 24 25	16 17 18 19 20 21 22	21 22 23 24 25 26 27	18 19 20 21 22 23 24
26 27 28 29 30 31	23 24 25 26 27 28 29	28 29 30 31	25 26 27 28 29 30 31
	30		

SEPTEMBER	OCTOBER	NOVEMBER	DECEMBER
S M T W T F S	S M T W T F S	S M T W T F S	S M T W T F S
1 2 3 4 5 6 7	1 2 3 4 5	1 2	1 2 3 4 5 6 7
8 9 10 11 12 13 14	6 7 8 9 10 11 12	3 4 5 6 7 8 9	8 9 10 11 12 13 14
15 16 17 18 19 20 21	13 14 15 16 17 18 19	10 11 12 13 14 15 16	15 16 17 18 19 20 21
22 23 24 25 26 27 28	20 21 22 23 24 25 26	17 18 19 20 21 22 23	22 23 24 25 26 27 28
29 30	27 28 29 30 31	24 25 26 27 28 29 30	29 30 31

1997

JANUARY	FEBRUARY	MARCH	APRIL
S M T W T F S	S M T W T F S	S M T W T F S	S M T W T F S
1 2 3 4	1	1	1 2 3 4 5
5 6 7 8 9 10 11	2 3 4 5 6 7 8	2 3 4 5 6 7 8	6 7 8 9 10 11 12
12 13 14 15 16 17 18	9 10 11 12 13 14 15	9 10 11 12 13 14 15	13 14 15 16 17 18 19
19 20 21 22 23 24 25	16 17 18 19 20 21 22	16 17 18 19 20 21 22	20 21 22 23 24 25 26
26 27 28 29 30 31	23 24 25 26 27 28	23 24 25 26 27 28 29	27 28 29 30
		30 31	

MAY	JUNE	JULY	AUGUST
S M T W T F S	S M T W T F S	S M T W T F S	S M T W T F S
1 2 3	1 2 3 4 5 6 7	1 2 3 4 5	1 2
4 5 6 7 8 9 10	8 9 10 11 12 13 14	6 7 8 9 10 11 12	3 4 5 6 7 8 9
11 12 13 14 15 16 17	15 16 17 18 19 20 21	13 14 15 16 17 18 19	10 11 12 13 14 15 16
18 19 20 21 22 23 24	22 23 24 25 26 27 28	20 21 22 23 24 25 26	17 18 19 20 21 22 23
25 26 27 28 29 30 31	29 30	27 28 29 30 31	24 25 26 27 28 29 30
			31

SEPTEMBER	OCTOBER	NOVEMBER	DECEMBER
S M T W T F S	S M T W T F S	S M T W T F S	S M T W T F S
1 2 3 4 5 6	1 2 3 4	1	1 2 3 4 5 6
7 8 9 10 11 12 13	5 6 7 8 9 10 11	2 3 4 5 6 7 8	7 8 9 10 11 12 13
14 15 16 17 18 19 20	12 13 14 15 16 17 18	9 10 11 12 13 14 15	14 15 16 17 18 19 20
21 22 23 24 25 26 27	19 20 21 22 23 24 25	16 17 18 19 20 21 22	21 22 23 24 25 26 27
28 29 30	26 27 28 29 30 31	23 24 25 26 27 28 29	28 29 30 31
		30	